Elisabeth Rath

WEIHNACHTSDEKO
AUS PAPIERTÜTEN
Engel, Sterne, Tannenbäume

INHALT

WEIHNACHTLICHE DEKO-IDEEN

Weihnachten ist das Fest der Fantasie – in keiner Zeit des Jahres wird in der Wohnung so liebevoll und festlich dekoriert.

Dieser Weihnachtsschmuck aus Papiertüten ist einfach gemacht: Die Tüten mithilfe der Vorlagen in Form schneiden, stanzen, aufeinanderkleben und auffalten. Außer zauberhaften Sternen entstehen so niedliche Engel, Papiertüten-Diamanten, dekorative Tannenbäume und stimmungsvolle Tischlichter.

Die fertigen Modelle können aufgehängt, aber auch sehr schön aufgesteckt werden. Der Handel bietet dafür Naturholzsockel in verschiedenen Größen mit passenden Metallstäben an. Sie können aber auch Sockel aus Beton oder Gießpulver selbst fertigen. Beim Gießen ein Loch für den Metallstab freilassen. Nach dem Trocknen die Sockel nach Wahl noch in Stein-, Chalky- oder Beton-Optik bemalen oder besprühen.

Außerdem finden Sie in diesem Buch viele tolle Möglichkeiten, Lichttüten zu gestalten. Dafür eignen sich sowohl weiße als auch schwarze Blockbodenbeutel. Diese können nach Wahl ein Sichtfenster aus Sternchenfolie erhalten, das zusätzlich mit Chalk-Stempeln verziert wird, und mithilfe von Bordürenstanzern und Motivlochern verschönert werden. Noch schneller lassen sich aus den Blockbodenbeuteln schöne Geschenktüten herstellen. Einfach mithilfe von Chalk-Stempelkissen, Schriftstempeln und ausgestanzten Motiven verzieren: fertig!

Viel Freude und Erfolg beim Basteln und eine wundervolle Weihnachtszeit wünschen Elisabeth Rath und Nargül Ayan

MATERIAL & HILFSMITTEL

Papiertüten
- Mini-Tüten XXS, weiß, ca. 4,5 x 6 cm
- Mini-Tüten, ca. 5,3 x 11,5 cm
- Faltenbeutel, weiß, ca. 7 x 24 cm
- Blockbodenbeutel, weiß, ca. 10 x 24 cm
- Blockbodenbeutel, schwarz, ca. 10 x 24 cm
- Faltenbeutel mit Sternchen, ca. 7 x 24 cm

Hilfsmittel
- verschiedene Loch-, Motiv- und Bordürenstanzer
- Cutter mit Schneideunterlage
- spitze Schere, weicher Bleistift, Metall-Lineal

Beleuchtung der Modelle
Gut geeignet sind 10er-batteriebetriebene Micro-LED Silberdraht-Lichterketten mit zwei Knopfzellen.

Mit dem flexiblen Eyelet-Stanzer das Loch bzw. die Löcher für die Lichterkette wie eingezeichnet durch den kompletten Tütenstapel stanzen. Die Lichterkette doppelt legen, in den zusammen-geklappten Stern fädeln und den Stern dann langsam Tüte für Tüte auseinanderfalten. Durch den biegsamen Draht können die kleinen Lämp-chen variabel platziert werden.

Als Aufhängung für den Stern etwa 15 cm von der Kabelzuleitung außerhalb des Motives lassen. Das Batteriefach kann auch im Motiv versteckt oder nett dekoriert werden.

Optimal sind kurze Lichtabstände von ca. 5 cm. Sollten die Lichter weiter auseinanderliegen, die Kette doppelt legen und vorsichtig ver-zwirbeln. Die optimale Gesamtlänge der Lichter-kette lässt sich durch testweises Einfädeln und Abmessens eines dickeren Fadens ermitteln.

Fertigstellung der Modelle
- doppelseitiges Klebeband, transparent, 3 und 6 mm breit
- Magnete, 3 und 6 mm Ø, Stärke 1 mm
- selbstklebende Markierungspunkte, weiß, 25 mm Ø
- Nylonfaden, 0,15 mm Ø
- Metall-Lineal, Prickelnadel

Gestaltung der Modelle
- Chalky- und Metallic-Farben
- verschiedene Colorsprays
- Pinsel oder Schwamm
- Chalk-Stempelkissen
- Schrift-Stempel
- Strass- und Halbperlen

Klebebänder/Tapes
- Glitter-Tapes
- Washi-Tapes

Zeichenerklärung
———— Schneidelinie

- - - - - - Klebelinie für Doppelklebeband

✕ Platzierung der Magnete (zum Verschließen der Modelle)

◯ Loch zum Einfädeln der Lichterkette (6 mm Ø)

• kleines Loch für die Aufhängung der Sterne, mit einer Prickelnadel stechen

———— Platzierung der Tapes

SO GEHT'S

Vorlage erstellen

Für die Schnittvorlagen am besten eine Schablone erstellen. Dafür die ausgewählte Vorlage auf festen Karton kopieren (oder auf normales Papier kopieren und auf Karton aufkleben) und mit einem Cutter ausschneiden.

Modelle erstellen

Die angegebene Anzahl an Tüten so auf den Tisch legen, dass die Tütenöffnung nach oben und die geschlossene Bodenseite nach unten zeigen. Die Schablone jeweils auf die Tüten legen und nachzeichnen. Die Position der Stanzformen auf jeder Tüte mit einem Bleistift markieren. Die Grundform ausschneiden. Dann wie eingezeichnet den Rand stanzen (siehe auch „Stanzer & Motivlocher" Seite 16). Die Position der Magnete und der Löcher für Lichterkette und Aufhängung nur auf der oberen und unteren Tüte einzeichnen.

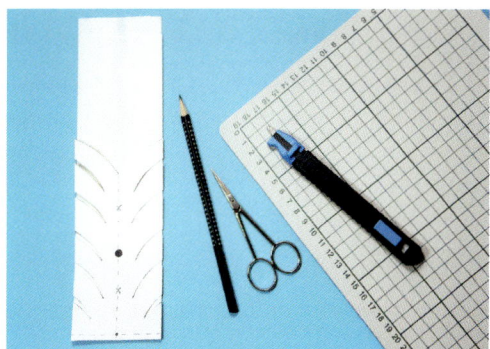

Doppelseitiges Klebeband an den Markierungen am unteren Tütenrand und in der Tütenmitte anbringen; dabei die letzte Tüte auslassen. Die Tüten bündig aufeinanderkleben, sodass ein Stapel entsteht.

Tipps

• Zum Zusammenkleben der Tüten am besten transparentes Doppelklebeband mit Papierträger verwenden, da dieses einfach mit dem Fingernagel auf die gewünschte Länge gekürzt werden kann. Das geht ohne Schere, schnell und sauber.

• Sie können die Größe der Sterne variieren: Verschieben Sie einfach die Schablone auf der Tüte nach oben, um einen größeren Stern oder nach unten, um einen kleineren Stern zu erhalten.

• Wenn Sie die Tüten mit Prägemustern gestalten, bekommen sie eine feine edle Struktur. Der Hobbyfachhandel bietet viele schöne Prägemotive an.

Löcher stanzen

Für Löcher, zum Beispiel zum Durchfädeln einer Lichterkette, am besten einen flexiblen Eyelet-Stanzer verwenden. Diese Stanzer gibt es mit verschiedenen Lochgrößen von 4–6 mm Durchmesser. Eine Schneidematte unterlegen und an den vorgegebenen Stellen durch den kompletten Tütenstapel stanzen.

Auch Lochzangen, mit 1,5 mm, 3 mm, 4 mm und 6 mm Durchmesser, sind gut geeignet, um Löcher zu stanzen. Außerdem gibt es Motivlochzangen mit verschiedenen Stanzmustern.

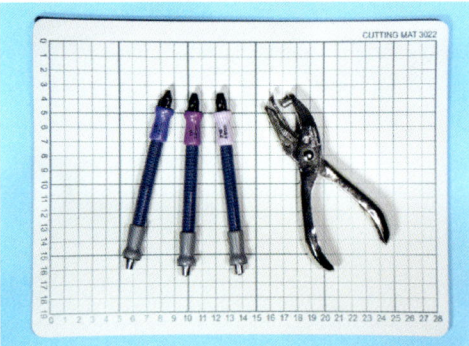

Fliegende Stanzer

Diese Stanzer bestehen aus zwei Teilen, die durch Magnete fixiert werden. Mit Fliegenden Stanzern können Motive überall auf den Tüten und nicht nur an den Außenkanten angebracht werden.

Einzelne Sterne werden häufig halb in die Tütenseiten gestanzt. An den Stanzern ist die Motivmitte markiert. Kleine Stanzer umdrehen, so ist die Position des Motivs gut zu erkennen.

Zu „Stanzer & Motivlocher" siehe Seite 16

Öffnen und Verschließen der Modelle

An der Markierung X einen Magneten an der Innenseite der ersten und letzten Tüte platzieren. Mit einem selbstklebenden Markierungspunkt können die Magnete fixiert und gleichzeitig verdeckt werden. Für größere Modelle, wie auf der Vorlage eingezeichnet, zwei Magnete anbringen.

Aufhängung

Die Modelle mit einem durchsichtigen Nylonfaden aufhängen. Dazu mit einer Prickelnadel ein kleines Loch durch den Tütenstapel stechen und den Nylonfaden durchziehen.

Klebe-Tapes

Die Tapes werden nach dem Zuschneiden der Tüten aufgeklebt. Auf den Vorlagen ist die Position jeweils in Rot eingezeichnet.

Tüten aus Faltpapieren herstellen

Größen

Faltpapier, 10 x 10 cm: Tütengröße ca. 4,6 x 9 cm
Faltpapier, 15 x 15 cm: Tütengröße ca. 7 x 14 cm
Faltpapier, 15 x 15 cm auf 15 x 11,5 cm zuschneiden: Tütengröße ca. 5,3 x 14 cm

1 Transparentes Doppelklebeband, 3 mm breit, am oberen Blattrand aufkleben.

2 Die untere Hälfte etwa 3–4 mm über die Mitte knicken.

3 Den Klebestreifen entfernen und die obere Hälfte etwa 3 mm über die Mitte nach unten falten. Am Boden einen Streifen von etwa 10 mm kennzeichnen.

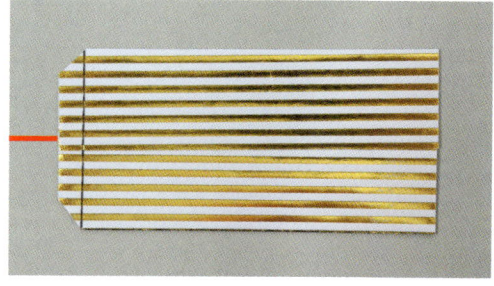

4 Die obere Bodenlasche umknicken und abschneiden.

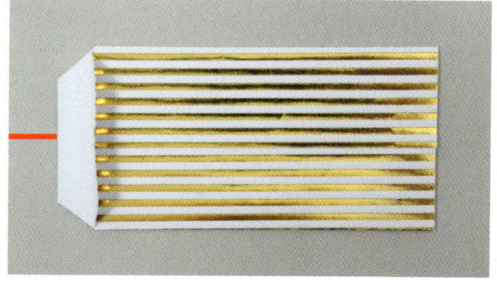

5 Mit der unteren Bodenlasche die Tüten mit transparentem Doppelklebeband zukleben. Die Ecken unten abschneiden, so erhält das fertige Motiv einen schönen Abschluss.

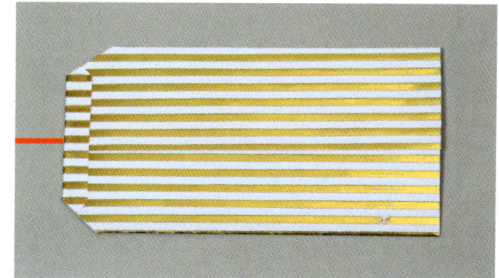

IM TANNENWALD

IM TANNENWALD

TANNEN 4

Größe: ca. 10 cm hoch

12 Mini-Tüten XXS, weiß, 4,5 x 6 cm
(aus 4 Sternen)
3 Zwischenscheiben, ca. 25 mm, mittig gelocht
Motivlocher „Stern", 75 mm und 16 mm
Goldperle, ø 10–12 mm

TANNE 5

Größe: ca. 16 cm hoch

29 Mini-Tüten, weiß, 5,3 x 11,5 cm (aus 4 Sternen)
3 Zwischenscheiben, ca. 35 mm, mittig gelocht
Bordürenstanzer

Vorlage siehe Seite 45

TANNE 1

Größe: ca. 28 cm hoch

22 Faltenbeutel, 7 x 24 cm (aus 4 Sternen)
3 Zwischenscheiben, ca. 50 mm, mittig gelocht
Fliegender Stanzer „Sterne", halb gestanzt
Bordürenstanzer

Vorlage 1, siehe Vorlagenbogen A

TANNE 2

Größe: ca. 16 cm hoch

30 Mini-Tüten, weiß, 5,3 x 11,5 cm (aus 3 Sternen)
2 Zwischenscheiben, ca. 35 mm, mittig gelocht

TANNE 3

Größe: ca. 21 cm hoch

16 Faltenbeutel, 7 x 24 cm (aus 3 Sternen)
2 Zwischenscheiben, ca. 50 mm, mittig gelocht
Motivlochzange „Stern"
Bordürenstanzer

Vorlage 2, siehe Vorlagenbogen A

Tannen 4

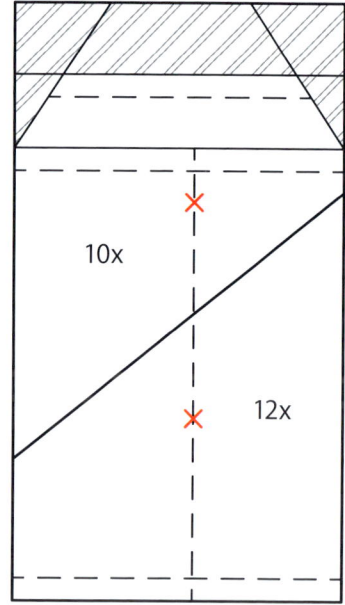

10x

12x

Tanne 2

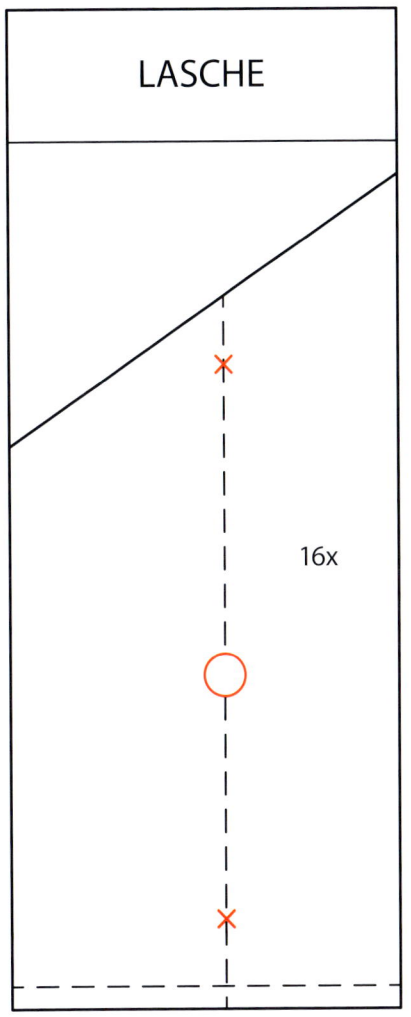

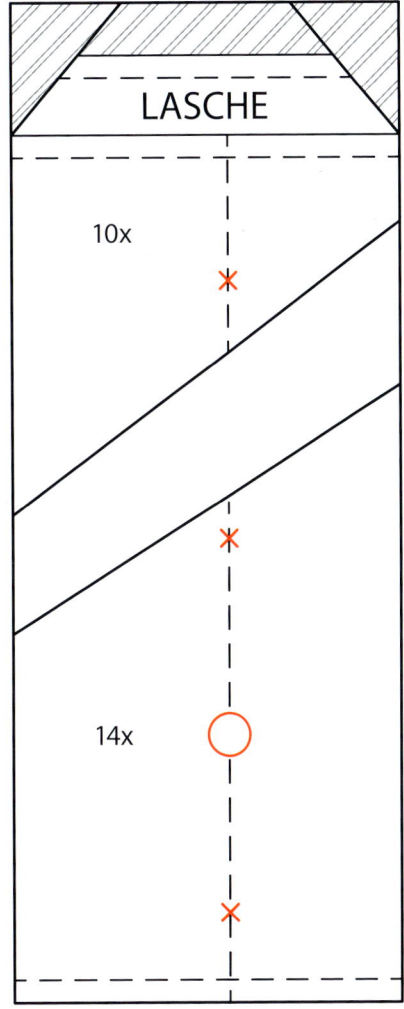

Die Sterne (je nach Baumgröße 3–5) mit der entsprechenden Menge Karton-Zwischenscheiben dazwischen nacheinander auf den zuvor gebastelten Dekofuß mit Metallstange aufstecken. Den Draht an der oberen Spitze ca. 2–3 cm rausschauen lassen, dieses Ende dient als Halterung für die Sternenspitze. Nun die Lichterkette einfädeln, dazu alle Sterne vom Stab nehmen und beim größten Stern beginnen.

STERNENHIMMEL

STERNENHIMMEL, SEITE 12/13

STERN 2

Größe: ø ca. 26 cm
4 Faltenbeutel, weiß, 7 x 24 cm
4 Faltblätter, gemustert, 15 x 15 cm (für 4 Tüten)
Motivlochzange „Stern"
Motivlocher „Stern", 16 mm, halb gestanzt

4 weiße Tüten und 4 Faltpapiertüten (Anleitung siehe Seite 7) im Wechsel mit den Spitzen zur einen und zur anderen Seite zusammenkleben. Die Sterne nur in die weißen Tüten stanzen. Das Doppelklebeband immer an dem kleineren Zuschnitt aus dem gemustertem Faltpapier fixieren.

Vorlage 4, siehe Vorlagenbogen A

STERN 3

Größe: ø ca. 38 cm
7 Faltenbeutel, weiß, 7 x 24 cm
7 Faltblätter, gemustert, 15 x 15 cm (für 7 Tüten)

7 weiße Tüten und 7 Faltpapiertüten (Anleitung siehe Seite 7) im Wechsel mit den Spitzen zur einen und zur anderen Seite zusammenkleben.

Vorlage 5, siehe Vorlagenbogen A

STERN 1

Größe: ø ca. 28 cm
4 Faltenbeutel, weiß, 7 x 24 cm
4 Faltblätter, gemustert, 15 x 15 cm (für 4 Tüten)

4 weiße Tüten und 4 Faltpapiertüten (Anleitung siehe Seite 7) im Wechsel mit den Spitzen zur einen und zur anderen Seite zusammenkleben.

Vorlage 3, siehe Vorlagenbogen A

EDLE DIAMANTEN, SEITE 16/17

DIAMANTEN 1

Größe: ca. 10 cm hoch
2 Faltenbeutel mit Sternchen oder weiß,
7 x 24 cm (8 Zuschnitte)

Vorlage 15, siehe Vorlagenbogen B

DIAMANT 2

Größe: ca. 12 cm hoch
2 Blockbodenbeutel, weiß, 6 x 10 x 24 cm
(8 Zuschnitte)

Vorlage 16, siehe Vorlagenbogen B

DIAMANT 3

Größe: ca. 9 cm hoch
2 Faltenbeutel mit Sternchen, 7 x 24 cm
(8 Zuschnitte)

Vorlage 17, siehe Vorlagenbogen B

Zuschnitte ausschneiden und aufeinanderkleben. Mit einer Prickelnadel das Loch für den
Aufhängefaden durch alle Lagen stechen. Im
ersten und letzten Zuschnitt je einen Magneten
anbringen.
Den Faden durch das Loch des zusammen-
geklappten Diamanten fädeln. Diamanten
auseinanderfalten und den Faden oben noch
einmal quer rüberziehen, damit der Diamant
gerade hängt.
Nach Wahl zusätzlich einen Glitzer-Stern anbringen und oben einen extra Faden befestigen,
der mittig nach unten läuft. Perle auffädeln.

EDLE DIAMANTEN

FILIGRANE PRACHT

STERN

Größe: ø ca. 44 cm

12 Faltenbeutel, 7 x 24 cm
Motivlochzange „Stern"
Bordürenstanzer

Vorlage 6, siehe Vorlagenbogen A

Für die Lichttüten weiße Blockbodenbeutel am
oberen Rand mithilfe eines Bordürenstanzers,
die Ränder mit einem Sternenstanzer verzieren.
Lichterkette oder LED-Teelicht einlegen, fertig!

Stanzer & Motivlocher

Die Position der Stanzmotive ist in den Vorlagen
angegeben. Sie können sich auch eine eigene
Schablone erstellen: Auf einen Streifen Tonpapier
die Breite des Stanzers einzeichnen und an der
Markierung ausschneiden. Mit dieser Schablone
auf den Tüten einzeichnen, an welcher Stelle
der Motivstanzer angesetzt werden muss. Die
Stanzer immer zweimal fest durchdrücken.

Bei filigranen Motiven die Tüten vorsichtig aus
dem Stanzer herausnehmen. Alle Papierreste
aus dem Stanzer entfernen. Bei den Boden-
und Faltenbeuteln an der Tütenseite, an der
die Tüte nicht zusammengeklebt ist, stanzen.
Die Seite mit der Verklebung der Tüte ist zu
dick für filigrane Stanzmotive.

  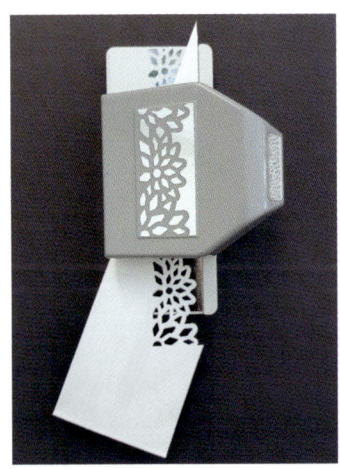

LICHTERSTADT

Vorlagen 7–12, siehe Vorlagenbogen B
Anleitung siehe Seite 44

KLEINE ENGEL

KLEINE ENGEL

FÜR ALLE ENGEL

Glitterkarton in Gold
Motivstanzer „Stern", 9, 16, 25, 45 oder 70 mm
je 1 Haarreif bzw. Ring, gold, ø 20 mm
je 1 Strass-Rondell, gold, ø 8 oder 10 mm
je 1 Holzkugel, gelocht, ø 20, 25 oder 30 mm
Wollkordel, 2 mm stark
je 2 Marabufedern, weiß

ENGEL 1

Größe: 8 cm hoch
5 Mini-Tüten XXS, weiß, 4,5 x 6 cm

ENGEL 2

Größe: 9 cm hoch
5 Mini-Tüten, weiß, 5,3 x 11,5 cm
(je 5 Zuschnitte A + B)

ENGEL 3

Größe: 11,5 cm hoch
1 Faltenbeutel, 7 x 24 cm (5 Zuschnitte)
Tape in Gold, 3 cm breit

Vorlage 13, siehe Vorlagenbogen A

Bei den Tütenseiten mit Lasche den oberen
Laschenabschnitt umknicken, abschneiden
und die Seite mit Lasche verschließen. Nun
alle 5 Abschnitte aufeinanderkleben. Kleidchen
auseinanderfalten und mit Doppelklebeband
verschließen.
Die Wollkordel als Haare mit Klebstoff jeweils
auf den Holzkugeln fixieren, Gesicht aufmalen,
trocknen lassen. Goldfaden in die Nadel fädeln
und unten mit einem Knoten versehen. Nun
in dieser Reihenfolge auffädeln: großer Stern,
Kleidchen, mittlerer Stern, Strass-Rondell, Engel-
kopf. Danach Heiligenschein oder Krönchen,
kleinen Stern und Federn als Flügel aufkleben.
Nach Wahl die Kleidchen zum Schluss mithilfe
eines Glitter-Pens oder mit Sternenstickern aus-
schmücken.

STERN 6

Größe: ø ca. 16 cm
9 Faltblätter, gold gestreift, 10 x 10 cm
(für 9 Tüten)

Die Tüten nach der Anleitung auf Seite 7
herstellen.

Engel 1

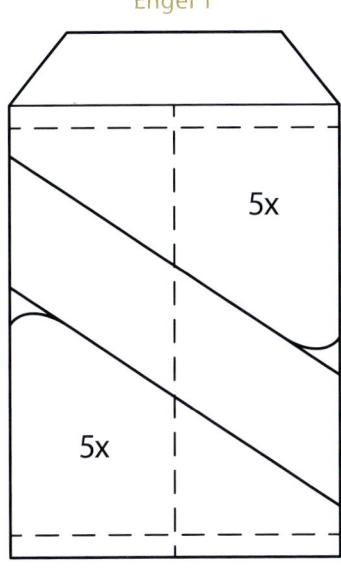

5x

5x

Stern 6

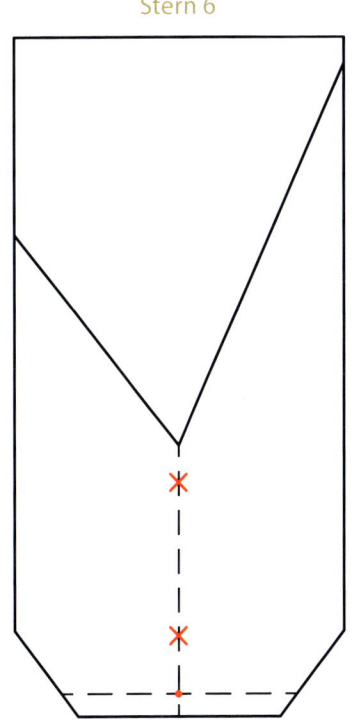

Engel 2

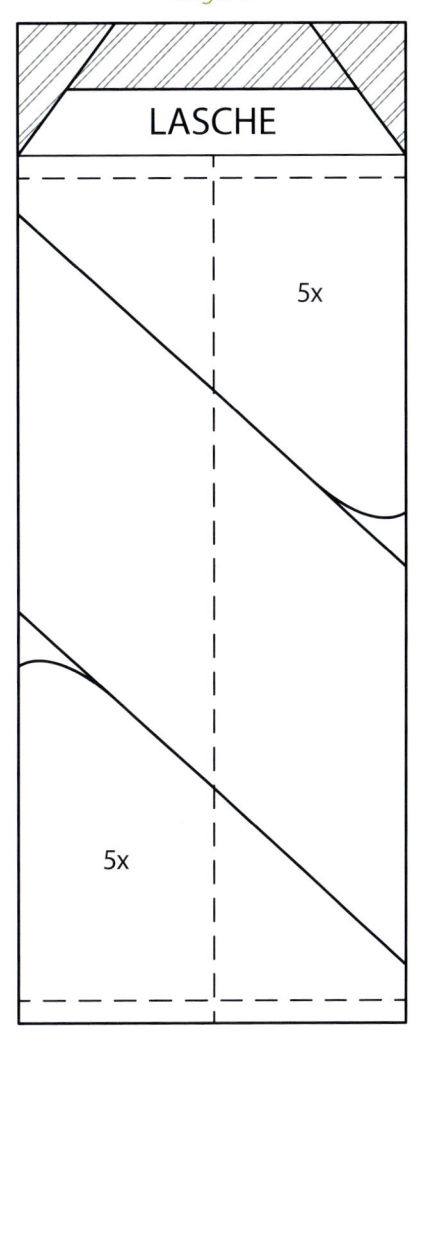

LASCHE

5x

5x

STERNENZAUBER

STERNENZAUBER

STERN 3
Größe: ø ca. 23 cm
12 Mini-Tüten, weiß, 5,3 x 11,5 cm

STERN 4
Größe: ø ca. 22 cm
16 Mini-Tüten, weiß, 5,3 x 11,5 cm

STERN 5
Größe: ø ca. 22 cm
11 Mini-Tüten, weiß, 5,3 x 11,5 cm
Motivlochzange „Stern"

Vorlage siehe Seite 46

TEELICHT-STERN 6
Größe: ø ca. 24 cm
18 Mini-Tüten, weiß, 5,3 x 11,5 cm
Motivlochzange „Stern"

Vorlage siehe Seite 46

TEELICHT-STERN 1
Größe : ø ca. 24 cm
14 Mini-Tüten, weiß, 5,3 x 11,5 cm

STERN 2
Größe: ø ca. 23 cm
18 Mini-Tüten, weiß, 5,3 x 11,5 cm
Motivlocher „Herz", 9 und 16 mm, halbgestanzt
Lochzange, ø 1,5 und 3 mm

Teelicht-Stern 1

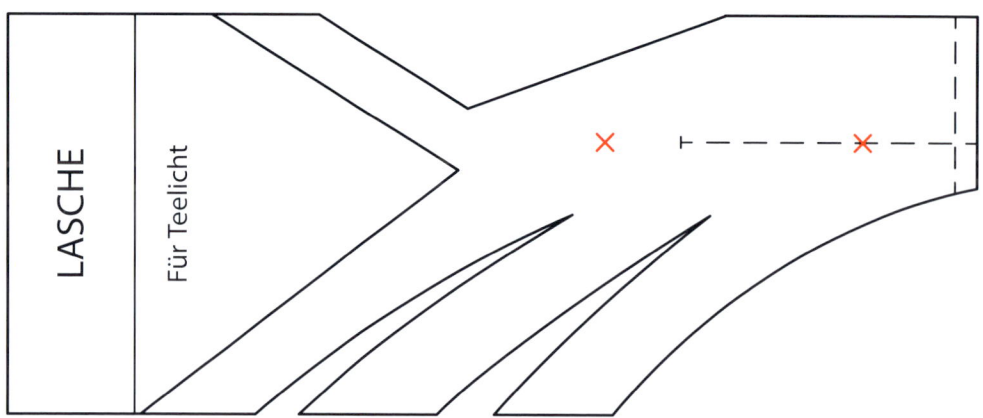

LASCHE

Für Teelicht

Stern 2

LASCHE

Stern 3

LASCHE

Stern 4

LASCHE

16x

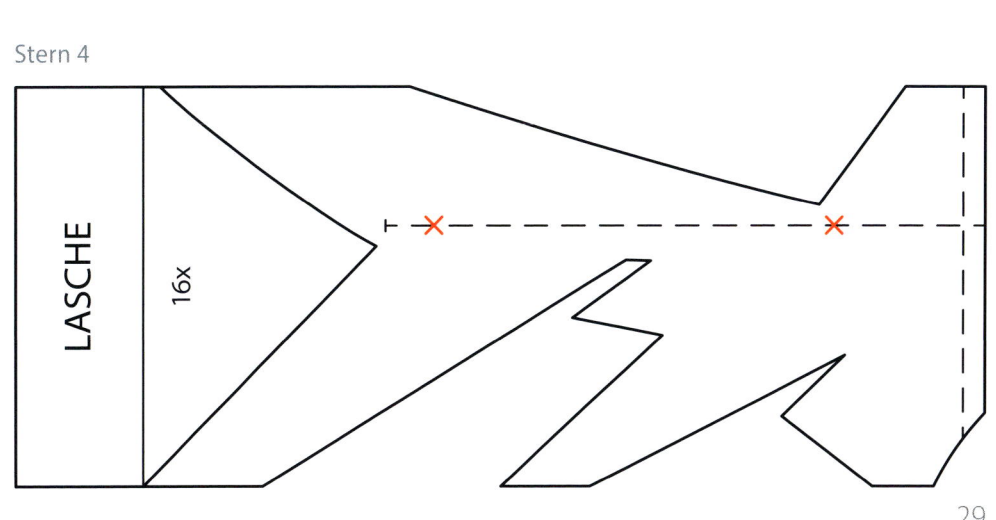

ZARTE SPITZEN

LINKER STERN

Größe: ø ca. 23 cm
12 Mini-Tüten, weiß, 5,3 x 11,5 cm
Motivlochzange „Stern"
Bordürenstanzer

OBERER STERN

Größe: ø ca. 22 cm
12 Mini-Tüten, weiß, 5,3 x 11,5 cm
Motivlochzange „Stern"

UNTERER STERN

Größe: ø ca. 22 cm
10 Mini-Tüten, weiß, 5,3 x 11,5 cm
Motivlochzange „Stern"

Die Zuschnitte im Wechsel mit den Spitzen zur einen und zur anderen Seite zusammenkleben.

Anleitung „Lichttüte" siehe Seite 44, „Geschenktüten" siehe Seite 36

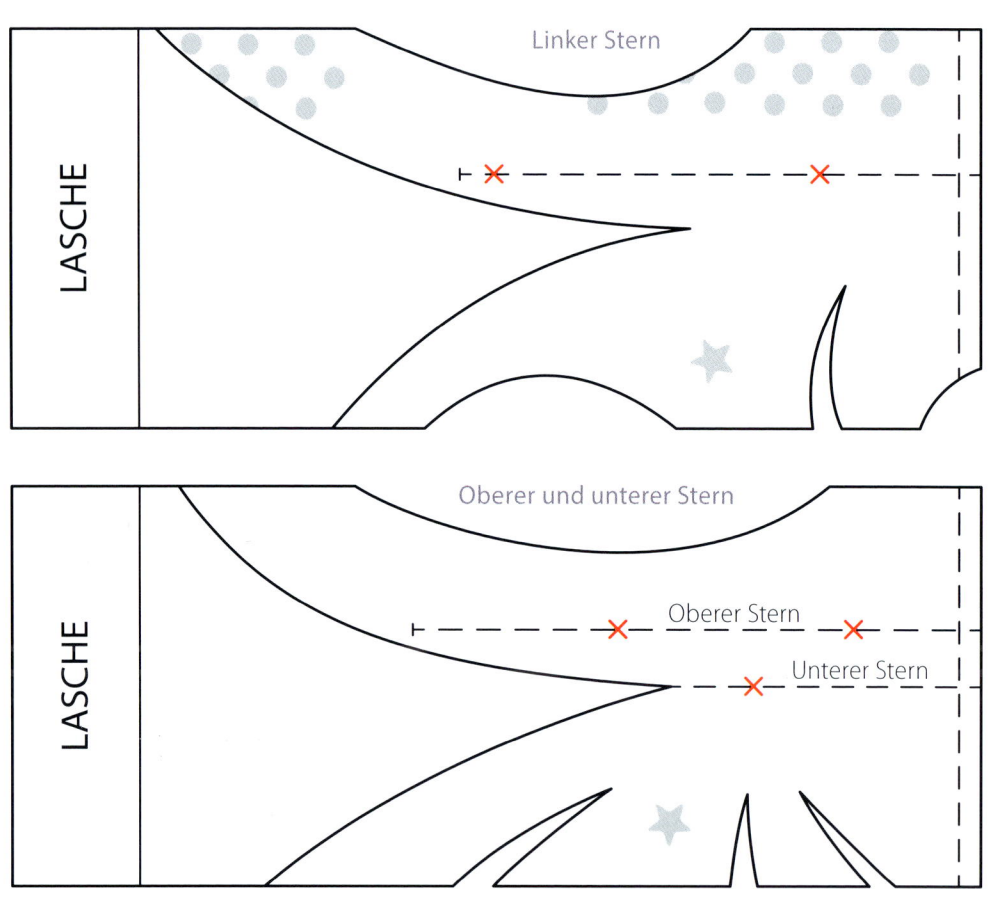

STERNENSCHMUCK

STERNENSCHMUCK

STERN 4

Größe: ø ca. 22 cm
5 Mini-Tüten, weiß, 5,3 x 11,5 cm
5 Faltblätterzuschnitte, 10 x 10 cm aus
Kraft-Geschenkpapier (für 5 Tüten,
Anleitung siehe Seite 6)
Vorlagen siehe Seite 47

Am kleineren Zuschnitt Doppelklebeband
fixieren. Die Tüten im Wechsel mit den
Spitzen zur einen und zur anderen Seite
mittig zusammenkleben.

STERN 1

Größe: ø ca. 23 cm
10 Mini-Tüten, weiß, 5,3 x 11,5 cm
Tape, 15 mm breit
Metallic-Farbe in Silber

STERN 2

Größe: ø ca. 15 cm
8 Mini-Tüten, weiß, 5,3 x 11,5 cm
Tape, 15 mm breit
Metallic-Farbe in Silber

STERN 3

Größe: ø ca. 19 cm
8 Mini-Tüten, weiß, 5,3 x 11,5 cm
Tape, 15 mm breit
Metallic-Farbe in Silber

Bei den Sternen 1, 2 und 3 das Tape mit der
Metallic-Farbe ganz leicht kolorieren.

STERN 5

Größe: ø ca. 22 cm
8 Mini-Tüten, weiß, 5,3 x 11,5 cm
Vorlage siehe Seite 47

STERN 6

Größe: ø ca. 46 cm
9 Faltenbeutel, 7 x 24 cm
Tape "Ornament", 30 mm breit
Vorlage 14, siehe Vorlagenbogen B

STERN 7

Größe: ø ca. 12 cm
6 Mini-Tüten XXS, weiß, 4,5 x 6 cm

STERN 8

Größe: ø ca. 11 cm
8 Mini-Tüten XXS, weiß, 4,5 x 6 cm

Anleitung „Lichttüten" siehe Seite 44

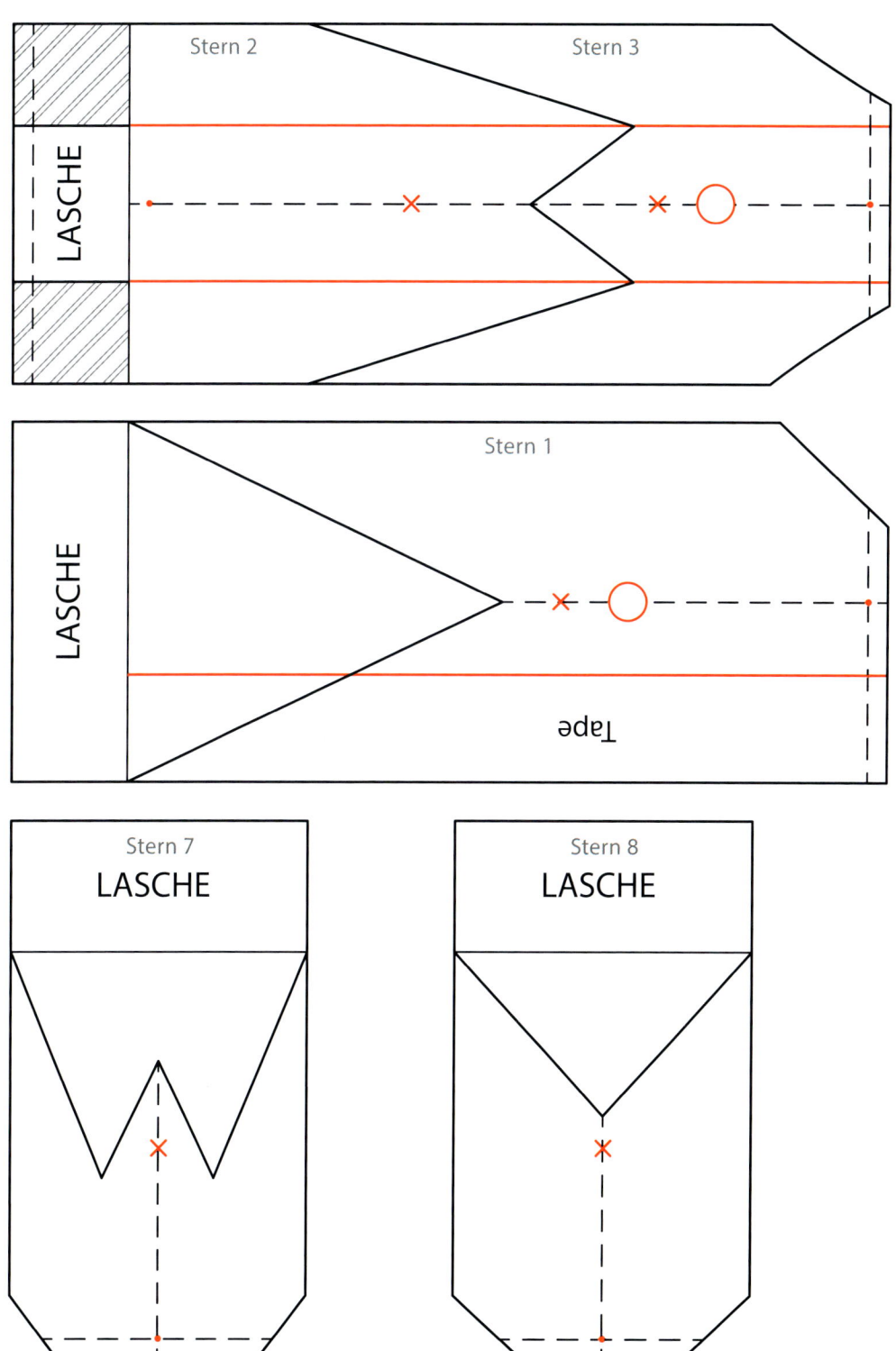

Stern 2

Stern 3

LASCHE

Stern 1

LASCHE

Tape

Stern 7

LASCHE

Stern 8

LASCHE

STERNENLICHT

OBERER STERN

Größe: ø ca. 40 cm
8 Faltenbeutel, weiß, 7 x 24 cm
Glitter-Strass-Tape, 15 mm breit
(beidseitig aufkleben)

Vorlage 18, siehe Vorlagenbogen B

LINKER STERN

Größe: ø ca. 14 cm
8 Mini-Tüten, weiß, 5,3 x 11,5 cm
Glitter-Tape, 15 mm breit (beidseitig aufkleben)

KEILRAHMEN-STERN

Größe: ø ca. 17 cm
7 Mini-Tüten, weiß, 5,3 x 11,5 cm
Glitter-Tape, 15 mm breit (beidseitig aufkleben)
Keilrahmen, 20 x 20 cm, 3,7 cm stark
Colorspray „Antique Steel" in Graphit
10er-Micro LED-Lichterkette mit Timer

GESCHENKTÜTEN

Schwarze Blockbodenbeutel mithilfe von Chalk-
Stempelfarbe, Schrift-Stempeln und Stanz-
motiven verzieren. Weitere Modelle (mit weißen
Blockbodenbeuteln) siehe Seite 30/31.

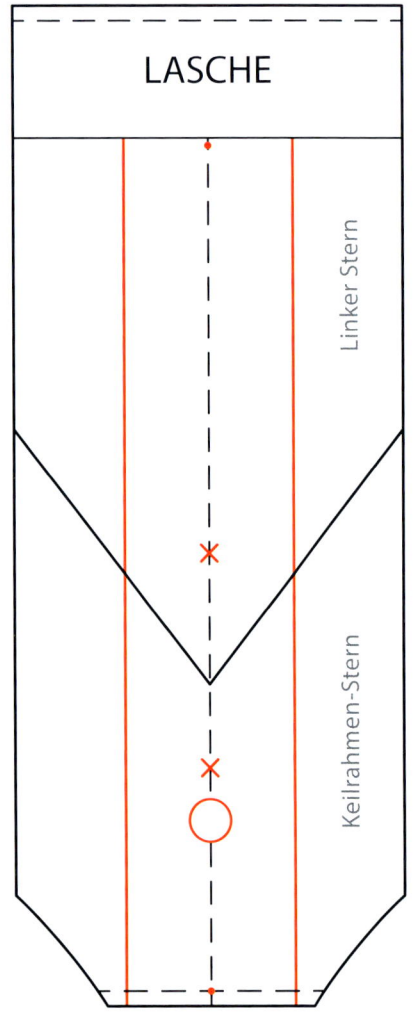

LASCHE

Linker Stern

Keilrahmen-Stern

SCHÖNER GLANZ

SCHÖNER GLANZ

STERN 3

Größe: ø ca. 18 cm
8 Faltblätterzuschnitte, 10 x 10 cm
aus Kraft-Geschenkpapier (für 8 Tüten)

Die Tüten nach der Anleitung
auf Seite 7 herstellen.

STERN 4

Größe: ø ca. 13 cm
6 Faltblätterzuschnitte, 10 x 10 cm
aus Kraft-Geschenkpapier (für 6 Tüten)

Die Tüten nach der Anleitung
auf Seite 7 herstellen.

STERN 1

Größe: ø ca. 12 cm
8 Faltblätterzuschnitte, 10 x 10 cm
aus Kraft-Geschenkpapier (für 8 Tüten)

Die Tüten nach der Anleitung
auf Seite 7 herstellen.

STERN 5

Größe: ø ca. 47 cm
13 Faltenbeutel, 7 x 24 cm
Motivlocher „Stern", halb gestanzt
Bordürenstanzer
Colorspray „Satin matt" in Graphit

Den Stern nach der Fertigung beidseitig
leicht mit dem Farbspray kolorieren.

Vorlage 19, siehe Vorlagenbogen B

STERN 2

Größe: ø ca. 16 cm
7 Mini-Tüten, weiß, 5,3 x 11,5 cm
Bordürenstanzer
Colorspray „Satin matt" in Graphit

Den Stern nach der Fertigung beidseitig
leicht mit dem Farbspray kolorieren.

Anleitung „Lichttüten" siehe Seite 44

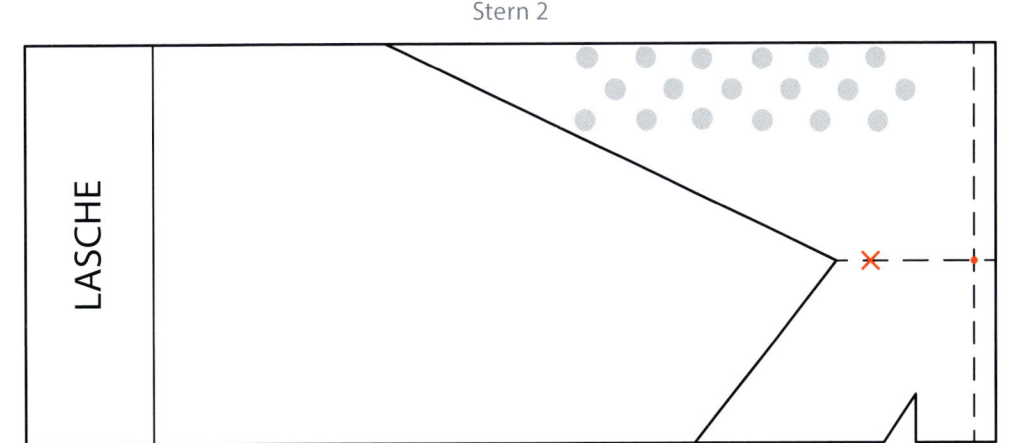

Stern 1

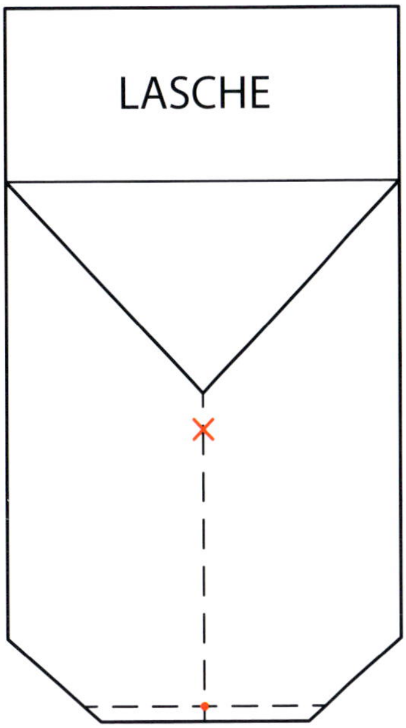

LASCHE

Stern 3

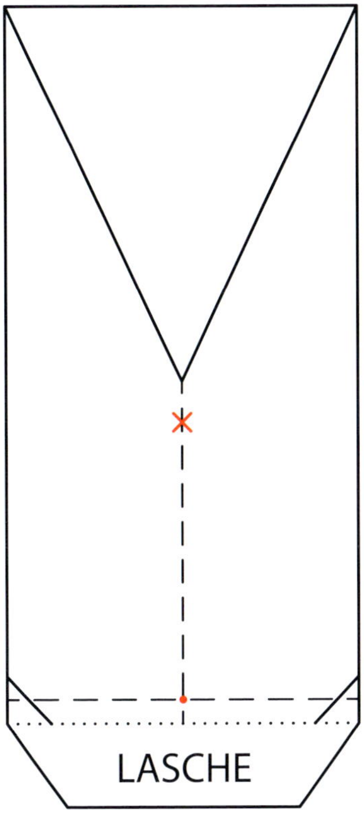

LASCHE

Stern 4

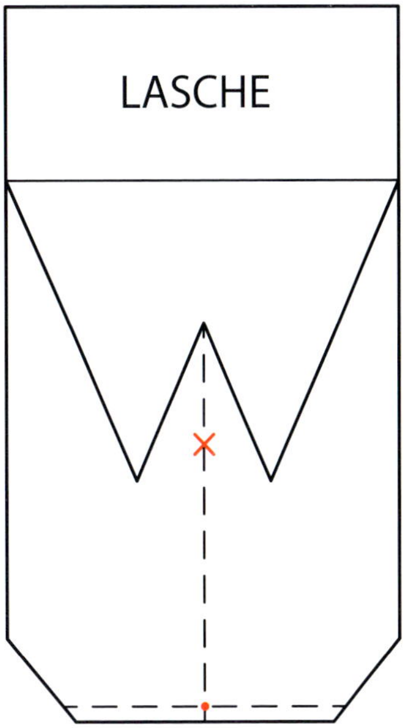

LASCHE

Stern 2

LASCHE

Vorlagen 9–11,
siehe Vorlagenbogen B
Anleitung siehe Seite 44

Lichterstadt (großes Foto siehe Seite 20/21) **& Häuschen bei Nacht** (großes Foto siehe Seite 42/43)

Nach Wahl schwarze oder weiße Blockbodenbeutel verwenden. Die ausgeschnittene Vorlage auf die flache Tüte legen, mit 1–2 Vielzweckklammern fixieren, mit weichem Bleistift übertragen und ausschneiden. Pro Häuschen zwei Transparentpapierstreifen in der Breite der Haussilhouette zuschneiden und in der Tüteninnenseite fixieren. Die Häuser noch mit Glitzersteinen und Lackmarkern verzieren. Die Häuschen einzeln mit je einer 10er-Micro LED-Drahtlichterkette beleuchten oder eine längere Lichterkette mit mehr Birnchen durch alle Häuser ziehen.

Lichttüten (siehe Seiten 31, 32/33 & 38/39)

Auf die weißen oder schwarzen Blockbodenbeutel Lichtausschnitte, zum Beispiel auch Sterne, auf die flache, zusammengeklappte Tüte aufzeichnen und mit dem Cutter ausschneiden. Die Folie entsprechend zuschneiden. Die matte Seite der Folie kann nun bestempelt werden, zum Beispiel mit dem Stempel „Christmas tree" und mit Chalk-Stempelfarbe. Die Folie mit transparentem Doppelklebeband von innen fixieren. Wahlweise mit Glitter-Tape, ausgestanzten Herzen und Sternen oder mit Strass- und Halbperlen dekorieren.

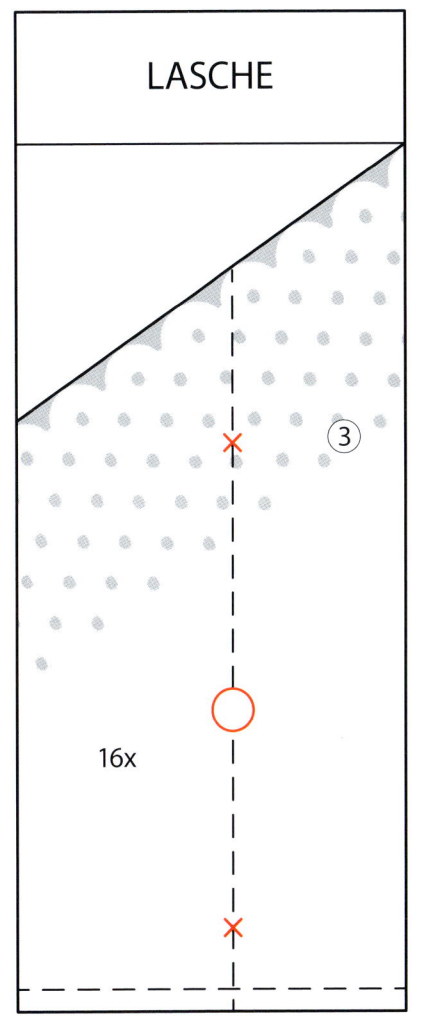

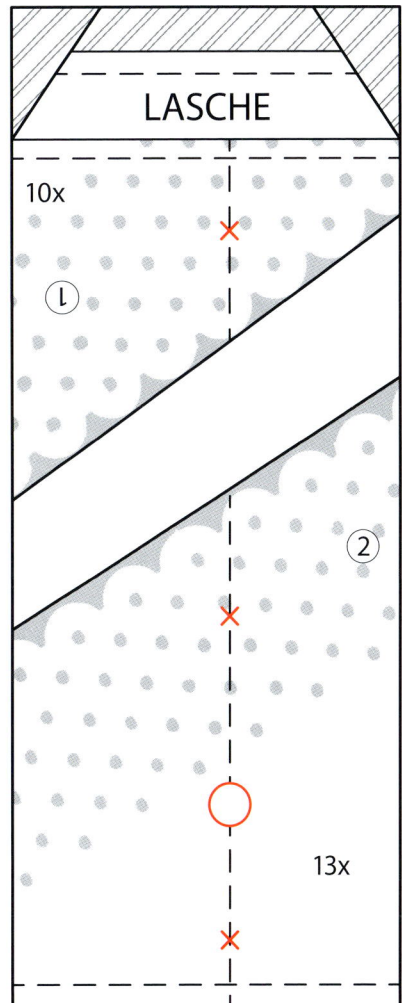

Sternenzauber, Seite 28, Stern 5

Sternenzauber, Seite 28, Teelicht-Stern 6

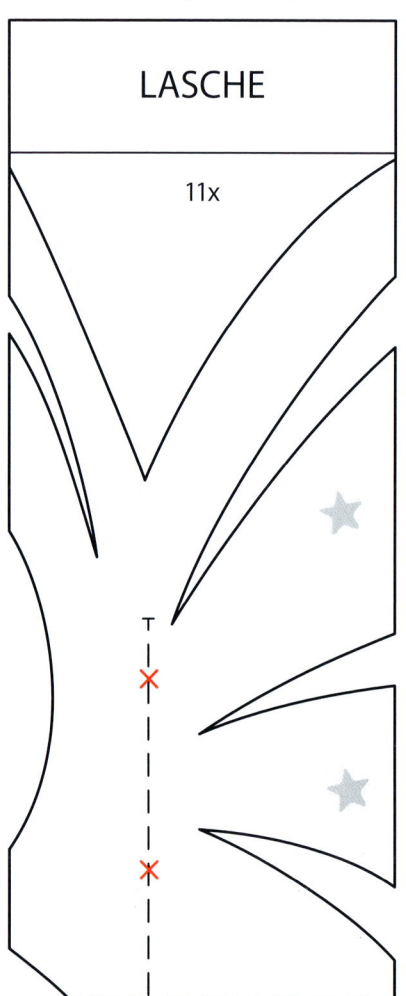

LASCHE

11x

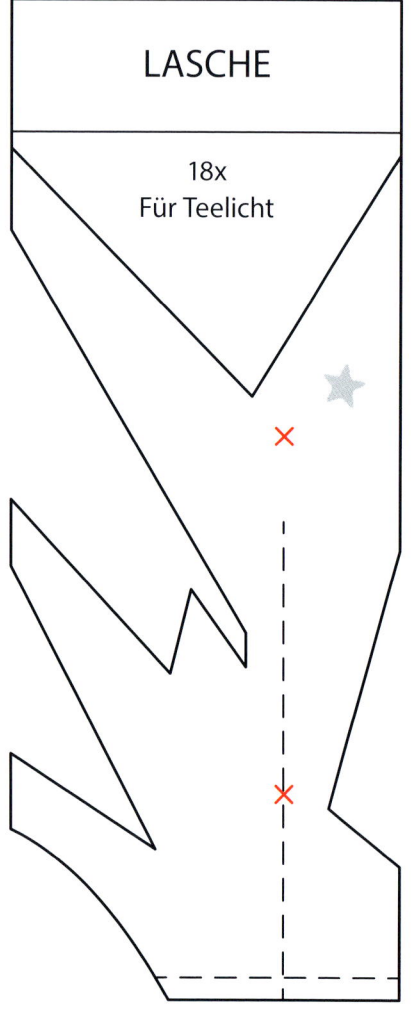

LASCHE

18x
Für Teelicht

Sternenschmuck, Seite 34, Stern 4

Sternenschmuck, Seite 34, Stern 4 und 5

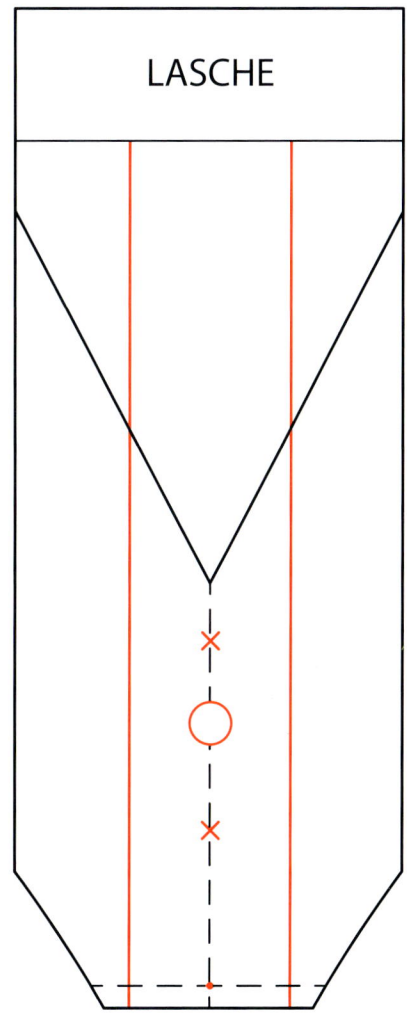

LASCHE

LASCHE

LASCHE

Impressum

Autorin: Elisabeth Rath

Fotos: Roland Krieg

Styling: Elke Reith

Produktmanagement & Redaktion: Maria Möllenkamp

Lektorat: Uta Koßmagk

Umschlaggestaltung: GrafikwerkFreiburg

Satz: GrafikwerkFreiburg

Repro: RTK & SRS mediagroup GmbH

Printed in Slovenia by Florjancic

 ★ ★ ★ ★ ★

Sind Sie mit diesem Titel zufrieden? Dann würden wir uns über Ihre Weiterempfehlung freuen. Erzählen Sie es im Freundeskreis, berichten Sie Ihrem Buchhändler oder bewerten Sie bei Onlinekauf. Und wenn Sie Kritik, Korrekturen, Aktualisierungen haben, freuen wir uns über Ihre Nachricht an Christian Verlag, Postfach 40 02 09, D-80702 München oder per E-Mail an lektorat@verlagshaus.de.

Unser komplettes Programm finden Sie unter

 www.christophorus-verlag.de

Alle gezeigten Modelle, Illustrationen und Fotos sind urheberrechtlich geschützt. Eine gewerbliche Nutzung ist untersagt. Dies gilt auch für eine Vervielfältigung bzw. Verbreitung über elektronische Medien. Autor/Autorin und Verlag haben alle Angaben und Anleitungen mit größtmöglicher Sorgfalt zusammengestellt. Dennoch kann bei Fehlern keinerlei Haftung für direkte oder indirekte Folgen übernommen werden. Stoffe, Materialien und Modelle können von den jeweiligen Originalen abweichen. Die bildliche Darstellung ist unverbindlich. Sollte dieses Werk Links auf Webseiten Dritter enthalten, so machen wir uns die Inhalte nicht zu eigen und übernehmen für die Inhalte keine Haftung.

Herstellerverzeichnis

- Alexandra Renke
- Artoz Papier AG
- Baier & Schneider GmbH & Co. KG
- efco creative GmbH
- Fiskars Germany GmbH
- Marabu
- Marpa Jansen
- Rayher Hobby GmbH
- Vaessen Creative
- Viva Decor
- Wedo, Werner Dorsch GmbH

Bastelfix: info@bastelfix.de

Die Deutsche Nationalbibliothek verzeichnet diese Publikation in der Deutschen Nationalbibliografie; detaillierte bibliografische Daten sind im Internet über http://dnb.d-nb.de abrufbar.

3. Auflage 2021

© 2021, 2019 Christophorus Verlag in der Christian Verlag GmbH, München

Alle Rechte vorbehalten

ISBN 978-3-8388-3700-0

  ## Kreativ-Service

Sie haben Fragen zu den Büchern und Materialien? Frau Erika Noll ist für Sie da und berät Sie rund um alle Kreativthemen. Rufen Sie an! Wir interessieren uns auch für Ihre eigenen Ideen und Anregungen. Sie erreichen Frau Noll per E-Mail: mail@kreativ-service.info oder Tel.: +49 (0) 5052 / 91 18 58